Tomás O'Farrell

Joyería
artesanal

E D I T O R I A L
ALBATROS

P9-EKC-705

Diseño editorial: Jorge Deverill
Tapa: Eukromo Diseño
Corrección: Cecilia Repetti

JOYERÍA ARTESANAL

1ª edición - 5000 ejemplares
Impreso en New Press Grupo Impresor
Paraguay 264 - Avellaneda
Buenos Aires
Julio de 2004

Copyright © 2004 by
EDITORIAL ALBATROS SACI
J. Salguero 2745 5°-51 (1425)
Buenos Aires
República Argentina
Email: info@albatros.com.ar
www.albatros.com.ar

ISBN 950-24-1062-9

O'Farrell, Tomás
    Joyería artesanal. - 1ª. ed. – Buenos Aires : Albatros, 2004.
64 p. ; 24x17 cm. – (Artes y oficios)

    ISBN 950-24-1062-9

    1. Joyería Artesanal I. Titulo
CDD. 739.22

Introducción

ste libro está dedicado a los que quieren aprender una forma de hacer joyería, tanto para su uso personal y para hacer regalos a su familia y amigos, como para quienes quieren utilizar este sistema para realizar joyería artesanal y necesitan una salida laboral.

La inversión inicial es muy pequeña y se recomienda, al principio, comprar las herramientas más necesarias, dado que de los proyectos que presentamos, cada cual creará su estilo personal y a partir de allí decidirá qué necesidades tiene de comprar otros elementos para facilitar o hacer más rápido su trabajo.

No es necesario tener ninguna habilidad especial ni conocimientos previos para poder producir joyas en muy poco tiempo. No se utilizan soldadura, calado, cincelado, fundición, etc., sino unas pocas técnicas que pueden aprenderse rápidamente y que permiten hacer una gran variedad de objetos atractivos.

La primera parte del libro describe el lugar de trabajo, las herramientas, los materiales y las técnicas básicas, que son las que se van a usar para todos los proyectos. A partir de la página 19 se han detallado algunos proyectos sencillos, con el paso por paso detallado. Conviene realizar estos trabajos varias veces hasta que puedan ser realizados con gran facilidad, porque seguramente así obtendrán las habilidades manuales necesarias para poder hacer todos los trabajos de los capítulos siguientes.

El lugar de trabajo

La mayoría de los que se dedican a este tipo de joyería comienzan trabajando sobre la mesa de la cocina. Con el tiempo necesitará un taller, pero en los comienzos cualquier mesa sirve. Generalmente se necesita una superficie de trabajo de aproximadamente 60 cm de ancho y 50 cm de profundidad. Si tiene un cajón donde guardar sus hilos (alambres), mejor aún.

En el taller definitivo debe haber una mesa de por lo menos 120 cm por 50 cm (si es mayor, mejor), de una altura en la que se sienta cómodo, con algún cajón para guardar los alambres y una cantidad de pequeños espacios (pueden ser cajas o bandejas con separadores) para todas las piedras, escallas, etc., que va a utilizar en su joyería.

Sobre la mesa y en el lugar de trabajo, conviene tener un pequeño mantel de cuero o goma, para crear una superficie blanda de trabajo, porque si se caen o golpean algunas de las piedras, evitará que se rompan, salten y desaparezcan. También un lugar para cada herramienta es imprescindible para no perder tiempo buscándola cada vez que la necesita.

La silla debe ser cómoda y permitir tener los pies bien apoyados. De esta forma evitará el cansancio.

La iluminación del lugar de trabajo debe ser en lo posible proveniente de luz natural, además de una lámpara que envíe luz directa al lugar de trabajo.

Herramientas

L a inversión inicial destinada a comenzar a trabajar en esta forma de joyería es muy pequeña, pero el dinero destinado a herramientas de calidad estará bien invertido, pues las herramientas de poca calidad se rompen rápidamente con el uso intenso o se aflojan y no sirven para trabajar.

Todas las herramientas pueden ser adquiridas en casas especializadas en herramientas para joyerías. Las que se venden en ferreterías no son en general de buena calidad y la diferencia aparece en el trabajo.

Las herramientas más necesarias

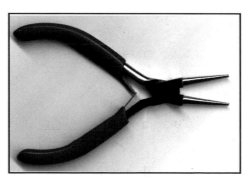

Pinza de puntas redondas: es una pinza de puntas cónicas, que se utiliza para hacer rulos, aros y todo lo que sea con curvas.

Pinza de puntas planas: es una pinza de superficies de apretar rectangulares. Se utiliza para doblar alambres en ángulos, para abrir y cerrar argollas y para muchos otros trabajos que aparecen en las técnicas. Esta pinza debe tener su superficie de apretar plana, no dentada. La pinza dentada puede servir para aprender, pero cuando se trabaja con metales preciosos y no se deben dejar marcas, esta pinza no cumple con su cometido.

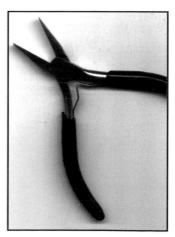

Alicate de corte: conviene comprar el que tiene corte recto. Probar que el corte quede bien plano. Esto también es necesario para un trabajo prolijo y una buena terminación. También conviene averiguar cuál es el hilo (alambre) más grande que puede cortar. Esto permite saber si va a servir para el trabajo que se necesita. Si corta hasta alambre de 2 mm de diámetro, es excelente para el trabajo.

Regla: preferentemente de metal, debería tener entre 40 cm y 50 cm de largo. Se utiliza para cortar los alambres a medida.

Portacalisuar: se utiliza para retorcer el hilo cuadrado o para retorcer dos hilos juntos. Da un diseño atractivo.

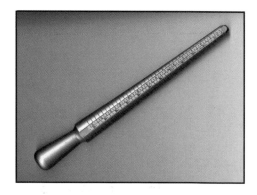

Otras herramientas

Palo de medida de anillos: se utiliza como mandril, para dar forma a anillos y para medirlos. Es cónico y viene con medidas; es mejor el de metal.

Mandril de pulsera: se utiliza para dar forma a pulseras. Se puede reemplazar por una unión de plástico de 50 mm, que se compra en casas de sanitarios.

Busto de metal para collares: se utiliza para dar forma a collares y gargantillas. Puede usarse como reemplazo económico una unión de caños plástica de 110 mm por 125 mm; éstas son medidas internas y se usa la medida exterior.

Morsa: la más pequeña que se consiga. Se usa para sostener los hilos para retorcerlos.

Materiales

Los alambres de joyería se llaman "hilos". Son los principales componentes del trabajo y pueden clasificarse de acuerdo con el metal, si los hilos son puros o enchapados, la forma, el tamaño y la dureza que tengan. Todas estas características permiten elegir el alambre justo para cada trabajo.

El metal: se utilizan hilos de oro, plata, bronce, cobre, alpaca, acero inoxidable y aluminio. Por su precio, el oro es usado muy poco y sólo por quien tiene ya una gran experiencia, ya que no es simple trabajarlo y se marca muy fácilmente.

La plata que se utiliza es en general "sterling silver" y en los países latinoamericanos "plata 900". Éstas son calidades de aleación de la plata. El oro y la plata son los metales básicos de la joyería.

Desde el inicio del mundo, la gente ha estado fascinada con el oro y la plata y hasta hoy la diferencia de precios es muy grande con los otros metales. Por eso conviene aprender a trabajar bien los de otros metales y luego con oro y plata ya que resultan muy caros para ensayar.

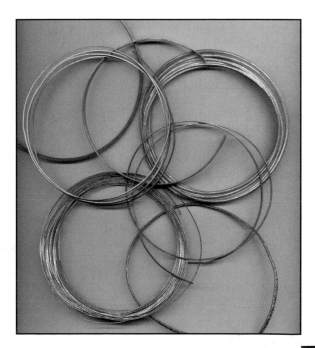

De los otros metales, el bronce, el cobre, la alpaca y el aluminio son ideales para comenzar a trabajar.

Existen también alambres recubiertos en plásticos de colores, que se utilizan para bijouterie de niños y adolescentes que pueden trabajarse con las mismas técnicas de este libro.

La forma: los hilos pueden clasificarse por su corte en redondos, cuadrados, semicirculares o rectangulares. Los redondos se miden por su diámetro en milímetros. En general se utilizan desde 0,5 mm a 1,5 o 2 mm. Los cuadrados se miden por su lado y, en general, se encuentran desde 0,70 mm hasta 2 mm. En los semicirculares, que se conocen como media caña, se expresa primero el lado plano y luego el radio, por ejemplo, 1,5 mm x 1 mm. Por último, en los rectangulares se expresan los dos lados, por ejemplo, 1 mm x 4 mm. Las formas que más se utilizan son el cuadrado y el redondo, aunque el semicircular se usa para envolver varios alambres. El rectangular sirve para usos especiales y, si es ancho, se lo llama cinta.

La dureza: los hilos se clasifican en duros, semiduros y blandos. El blando es ideal para trabajar en las medidas mayores a 1 mm y el semiduro en las menores. El hilo correcto es el que permite doblarlo sin necesidad de una pinza, pero que queda en su posición una vez doblado. Los alambres se ablandan por medio del recocido (proceso de calentamiento y enfriado). Por eso, los blandos y los semiduros muchas veces se venden como recocidos. Si el alambre está muy blando, se frota con un trapo para endurecerlo.

Piedras: se usan piedras semipreciosas, cabuchones, piedras pulidas, perlas, escallas y cuentas. En general, las piedras preciosas son muy onerosas para nuestros trabajos. También se usan perlas, carey, vidrios especiales y todo tipo de cuentas.

Las piedras semipreciosas pueden comercializarse en forma de cristales naturales, en forma de cabuchones (forma irregular pulida con base plana), pulidas, en cortes planos, en forma de escallas (pequeños pedazos de piedra naturales). También pueden o no tener agujero para enhebrarlas. Todas estas formas pueden montarse y con la práctica se aprenderá cuál es el montaje ideal para cada forma.

Los vidrios también vienen en forma de cuentas o en pedazos que se obtienen por medio de técnicas de fundido en hornos de cerámica. Hoy en día están muy de moda los vidrios dicroicos, que poseen brillos metálicos muy interesantes.

Las cuentas son piezas de cualquier material que se enhebran a través de un agujero. Hay de todos los materiales, desde semillas o huesos, pedazos de madera, plásticos, resinas, metálicas. Hasta se pueden realizar con alambres.

Referencias

Tiempo de realización:

Se sugieren tiempos aproximados que varían de acuerdo con la experiencia del que realiza los proyectos.

Nivel de dificultad: fácil , medio , difícil .

Los niveles acerca de la complejidad de cada proyecto son sugerencias que también dependen de las habilidades y conocimientos del artesano.

Técnicas básicas

Rulo simple

Es la primera técnica que se utiliza en los trabajos.

1. Doblar el alambre a 45° con la pinza plana. La distancia de la punta (de 0,7 cm a 2 cm) depende del tamaño del rulo. Para este ejemplo, se utiliza alambre de 1 mm y se lo dobla a 1,5 cm de la punta.

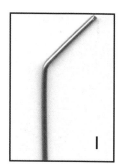

2. Con la pinza de punta redonda en la mano derecha (los zurdos deben invertir las instrucciones) tomar el hilo (alambre) con la izquierda. No debe sobresalir del otro lado de la pinza sino que debe estar más cerca o más lejos de la punta de la misma, según el tamaño que se desee dar al rulo. Para este ejemplo, tomar el hilo en el medio y girar la mano derecha hacia el frente para formar el rulo. Si no se llega a cerrar, sacar la pinza y colocar nuevamente hasta completarlo.

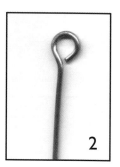

3. Controlar que el rulo haya quedado centrado y emprolijarlo. El hilo debe sobresalir del centro del círculo y no terminar montado sobre la otra parte, ni quedar con el círculo abierto.

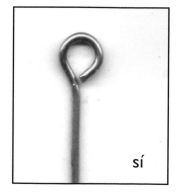

sí

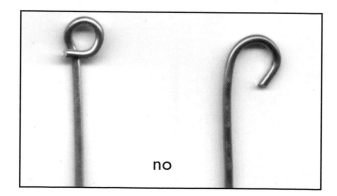

no

Rulo atado

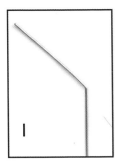

1. Similar a la técnica anterior, pero dejar una punta 2 cm más larga al doblar el hilo. Para el ejemplo, es de 3,5 cm.

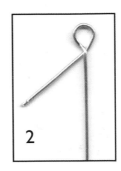

2. Colocar la pinza redonda dejando pasar 2 cm del alambre y hacer el rulo.

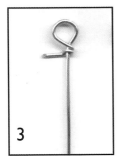

3. Mantener la pinza de puntas redondas dentro del rulo y con la parte que quedó enrollada, atar (enrollar) el extremo libre alrededor de la otra parte, con la mano o la pinza plana. Luego cortar el hilo sobrante con el alicate.

4. Con la pinza plana emprolijar la atadura. El rulo atado es más seguro ya que no se va a abrir aunque el hilo sea más blando. Por eso se utiliza principalmente en hilos de diámetros o durezas menores.

Conviene practicar estas técnicas con hilos de distintos diámetros, hasta que queden perfectos; ésta es la base de toda la técnica.

Técnica del rosario con rulo simple

Se usa generalmente para rosarios, collares y pulseras.

1. Hacer un rulo simple en el extremo del hilo.

2. Enhebrar una cuenta y colocarla lo más cerca del rulo posible.

3. Cortar el hilo dejando la cantidad necesaria para realizar otro rulo de igual medida que en paso 1.

4. Doblar el hilo a 45° bien cerca de la cuenta.

5. Hacer el otro rulo con la pinza redonda.

Para que los dos rulos tengan el mismo tamaño, es necesario utilizar el mismo lugar de la pinza de puntas redondas. Para esto se puede realizar una marca con tinta indeleble, hasta alcanzar la práctica para saber cómo usarla.

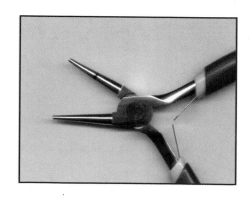

En la primera cuenta se cierran los dos rulos, como en la foto. Cada cuenta con rulos se une a la anterior para formar el rosario.

Con esta técnica puede comenzarse a realizar pulseras y collares.

Técnica del rosario con rulo atado

1. Realizar un rulo atado en la punta del hilo.

2. Enhebrar la cuenta y ponerla lo más cerca que se pueda del rulo.

3. Cortar el hilo dejando la cantidad necesaria para realizar el otro rulo, igual que en paso 1.

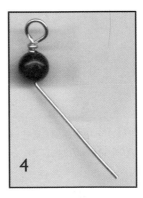

4. Doblar el hilo dejando 3 mm desde la cuenta.

5. Con la pinza redonda hacer el otro rulo y atarlo. Igual que en el caso anterior, para unir varios eslabones se debe unir al anterior antes de cerrar el segundo rulo.

Técnica para hacer argollas

Se necesita trabajar sobre algún elemento cilíndrico, del diámetro de las argollas deseadas. Son muy útiles para esto las agujas de tejer de distintos tamaños, palitos para brocheta, tubos de lapiceras, etc.

Las argollas o eslabones se hacen con rollos (resortes) y puede usarse hilo de cualquier metal y casi de todos los diámetros. Para comenzar a practicar tomar 30 cm de cualquier hilo redondo de 1 mm de diámetro.

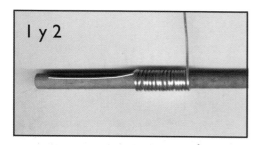

1 y 2

1. Doblar el hilo a 3 cm de una punta a 90°.

2. Apoyar el hilo a lo largo del palo sosteniéndolo con la mano izquierda. Comenzar a enrollarlo con la derecha. Cuidar que las sucesivas vueltas queden bien apretadas unas a otras.

3. Para sacar el rollo del palo, aflojar moviéndolo en el otro sentido en que se enrolló.

Usar los rollos para hacer argollas, simples o dobles.

Argollas simples

1. Cortar la punta sobrante del rollo cuidando de que el alicate tenga el lado de corte recto hacia dentro del espiral.

2. A una vuelta de distancia, realizar un nuevo corte. Esta vez con el lado de corte recto hacia la argolla que estamos cortando.

3. Si se desea usar esta argolla para hacer una unión, debe abrirse en la forma que se ve en la foto utilizando la pinza plana. Cerrarla de la misma manera. De esta forma, la argolla no pierde su fuerza ni se deforma.

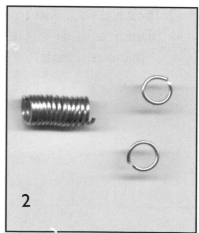

2

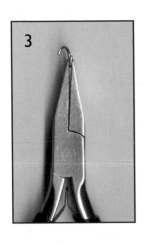

La argolla doble se hace de la misma forma que la simple, pero en el punto 2 se hace un corte a dos vueltas del primero. Estas argollas dobles se utilizan cuando el hilo es demasiado blando o demasiado fino y la argolla simple se abre.

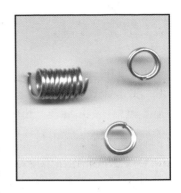

Técnica para hacer espirales

Los espirales son muy usados en joyería ya que forman parte de muchos proyectos.

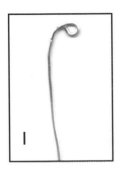

1. Comenzar con un hilo de 15 cm de largo y de 1 mm o menor de espesor. Para aprender, lo ideal es de 0,7 o 0,8 mm ya que los hilos más gruesos son más duros y más difíciles de manipular. Con la pinza de punta redonda, tomar el hilo en la punta y, sin que sobresalga, sostener el hilo con la mano izquierda y girar la pinza hacia delante hasta tener un rulo simple en forma de "P".

2. Tomar el pequeño rulo realizado con la pinza plana y enrollar el hilo sobre sí mismo con la mano izquierda, formando un espiral plano.

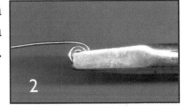

3. Una vez realizado el espiral del tamaño deseado, cortar el extremo sobrante.

Cierres

Los cierres se usan para terminar collares, gargantillas y pulseras que por su tamaño no se pueden pasar por la cabeza o por el puño. Existen cierres más complejos, que no pueden ser realizados con estas técnicas, pero que pueden ser comprados en los proveedores de materiales para joyería.

Dos tipos de cierres: el gancho y la "S"

Para realizar el cierre gancho, se necesitan 6 cm de hilo de 1 mm de diámetro.

 1. Con la punta de la pinza redonda hacer un rulo en forma de "P".

 2. Tomar la punta del hilo con la "P" con la parte más gruesa de la pinza de puntas redondas y realizar un rulo en forma de gota.

 3. En la otra punta hacer un rulo simple. Ya esta listo el cierre gancho.

 4. Este último rulo puede ser atado si necesitamos más seguridad.
Si se desea, se puede martillar la curva más amplia para aplastarla y darle dureza.

Para hacer el cierre en "S", se necesitan 7 cm de hilo de 1 mm.

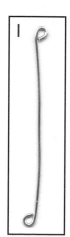 1. Con la punta de la pinza de puntas redondas, hacer un rulo en forma de "P" en un extremo. Hacer otro hacia el lado opuesto en el otro extremo.

 2. Tomar una de las puntas del hilo con la "P" y con la parte más gruesa de la pinza de puntas redondas y doblar en forma de gota.

 Invertir el hilo y doblar nuevamente de la misma forma.

3. Martillar los dos rulos grandes hasta aplastarlos.

Estos ganchos se fijan a las pulseras o a los collares mediante argollas.

Gancho para aros

Para este gancho se deben usar 5,5 cm de alambre semiduro, de 0,6 mm o 0,7 mm de diámetro.

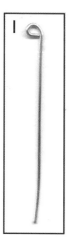

1. Hacer un rulo simple muy pequeño en una de las puntas del alambre con la punta de la pinza redonda.

2. Colocar el rulo entre las dos puntas de la pinza redonda en la parte más gruesa y dejando 1 cm entre el rulo y la pinza. Girar el alambre con la mano hasta casi tocar el rulo.

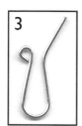

3. Doblar con la pinza plana a 1,5 cm del otro extremo.

Para que este gancho no lastime, limarle la punta con una lima fina; cuidar que no queden rebarbas.

Montajes de piedras

Utilizar distintos montajes de acuerdo con las formas de las piedras. Si la cuenta ya trae un agujero, se utilizan las técnicas de rosario, pero si no posee agujero (desde bolitas a formas irregulares pulidas o no) lo más fácil es realizar un montaje simple que envuelva la piedra.

1. Para una piedra pulida de 3 cm por 2 cm, cortar 20 cm de hilo (en este ejemplo, se usa bronce cuadrado de 1,25 mm de diámetro) y realizar un rulo atado en uno de los extremos.

2. A 1 cm de donde termina el nudo y poniendo el rulo de canto hacia nosotros, doblar a 90°.

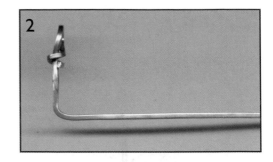

3. Apoyar la piedra (en este caso, hematite) sobre el doblez y enrollar el hilo con la mano. Dar dos vueltas y terminar cortando el sobrante en la parte posterior.

Los largos del hilo dependen del tamaño de las piedras que se van a montar.

Los montajes para otros tipos de piedras, como algunas piedras planas, se describen como ejercicios más adelante debido a su complejidad.

Cadenas

Las cadenas se forman a partir de eslabones realizados uno por uno. Por eso, muchas cadenas se realizan a máquina, pero existen muchos diseños que aún se realizan artesanalmente, especialmente en los casos en que los eslabones son distintos.

Para hacer una cadena simple para collares o pulseras, se siguen las instrucciones para argollas (ver página 14), hasta realizar el rollo. Luego, con el alicate, se van cortando cada tres vueltas. Ya están listos los eslabones, sólo queda unirlos entrando la punta de uno en otro y girándolos.

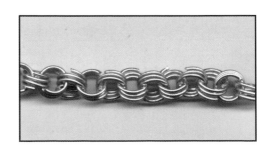

Trabajos

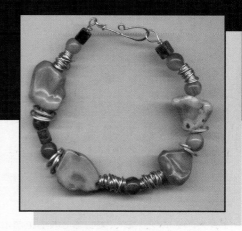

Aros básicos

10 minutos

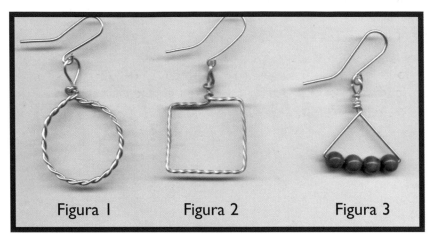

Figura 1   Figura 2   Figura 3

Materiales

Figura 1

Usar 29,5 cm de hilo redondo de 0,8 mm. Puede ser plata, bronce, alpaca, aluminio, etc.

Procedimiento

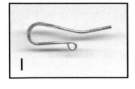

1

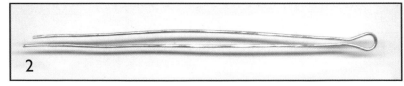

2

1. Cortar 5,5 cm del hilo y hacer el gancho para aros, siguiendo las instrucciones de las técnicas básicas.

2. Tomar los 24 cm restantes y marcar a 12 cm de una de las puntas. En ese lugar, con el medio de la pinza redonda hacer un rulo dejando los dos hilos juntos.

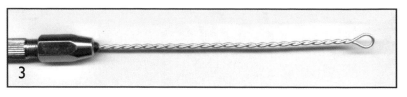

3

4

3. Ajustar el portacalisuar en la otra punta. Tomar con una mano el rulo y con la otra girar el portacalisuar hasta que los hilos queden retorcidos.

4. Doblar a 90° el hilo retorcido a ½ cm del rulo y, utilizando el palo de anillos en la parte más gruesa, formar un círculo. Atarlo a la base del rulo, cortar el sobrante y emprolijar. Unir el colgante al gancho.

Figura 2

Para este colgante usar 14 cm de hilo cuadrado de 1 mm y enrollarlo con el portacalisuar. Hacer un rulo atado y el cuadrado de 2 cm de lado.

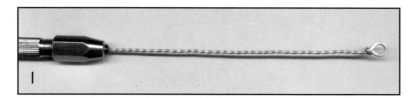

I

2

Figura 3

Para el colgante, usar 12 cm de hilo redondo de 1 mm y enhebrar las tres cuentas antes de hacer el tercer ángulo con la pinza plana.

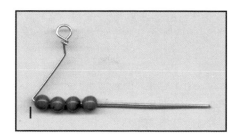

I

2

Consejo: Con el procedimiento de este aro básico, pueden realizarse, con pequeñas modificaciones, muchos aros de diseño propio.

Anillos ajustables

15 minutos

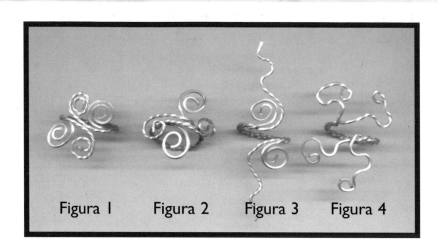

Figura 1   Figura 2   Figura 3   Figura 4

Materiales

Figura 1

Usar 28 cm de hilo cuadrado de 1 mm. Puede ser plata, bronce, alpaca, etc.

Procedimiento

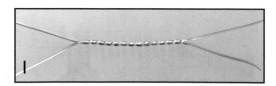

1. Cortar el hilo en 2 trozos de 14 cm. Apretarlos juntos en la morsa a 4 cm de una punta y con el portacalisuar a 4 cm de la otra punta. Enrollarlos y separar las puntas.

2. Hacer un espiral (ver técnicas básicas) en la punta superior derecha, girar los hilos y repetir el procedimiento en la otra punta en el lado opuesto.

3. Retorcer la punta superior izquierda con el portacalisuar, hacer un espiral, girar los hilos y repetir el proceso.

4. Dar forma al anillo en el palo de anillos cerca de la punta más fina; siempre se abre un poco.

Consejo: con el procedimiento del este primer anillo, pueden realizarse todos los anillos de la foto de la página anterior.

Figura 2

Realizar un espiral (punto 3) hacia el lado opuesto y luego continuar de la misma forma.

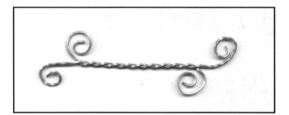

Figuras 3 y 4

Con la pinza redonda, dar forma al hilo retorcido (ver foto) y luego seguir de igual forma.
Probar dar formas irregulares a las puntas de los hilos para crear diseños propios.

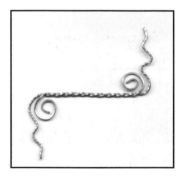

Tip Pueden crear anillos con 3 o 4 hilos enrollados y realizar nuevos diseños.

Cadenas

30 minutos

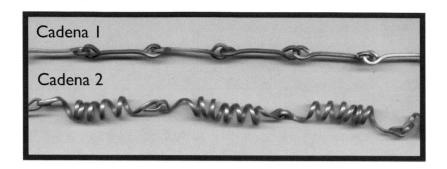

Cadena I

Cadena 2

Cadena 1: materiales

70 cm de hilo de 1,5 mm; puede ser plata, bronce, alpaca, aluminio, etc.

Procedimiento

1. Cortar 5 cm del hilo. Con la pinza redonda, hacer un rulo simple en una punta y en la otra punta hacer un rulo simple a 90° del anterior.

2. Para hacer un collar, realizar catorce eslabones y unirlos entre sí.

3. Preparar un cierre gancho (ver técnicas básicas), y colocarlo en una de las puntas.

Cadena 2: materiales

90 cm de hilo de 1,5 mm, puede ser plata, bronce, alpaca, aluminio, etc.

Procedimiento

1. Cortar 15 cm del hilo y hacer un rulo simple en cada punta.

2. Enrollar la parte central (ver técnicas básicas) sobre un lápiz.

3. Usar seis eslabones y un cierre gancho para armar el collar.

Consejo: practicar haciendo eslabones con hilos de otros diámetros para generar diseños propios.

Anillo de plata con cuentas negras

20 minutos

Materiales

46 cm de hilo cuadrado de 1 mm; 2 cuentas negras de 0,8 mm

Procedimiento

1. Apoyar la mitad del hilo en el palo de anillos a la medida deseada. Hacer un círculo alrededor del mismo y atarlo dando media vuelta a cada punta.

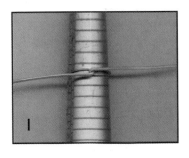

2. Enhebrar una cuenta en cada punta y doblar el hilo a 90°.

3. Con la mano enrollar el hilo alrededor de la cuenta hasta llegar a la parte del anillo.

4. Cortar algún sobrante si lo hubiera y emprolijar con la pinza plana.

Collar de turquesas y plata

Materiales

90 cm de hilo de plata redondo de 1 mm
4 cuentas de plata redondas, lisas, de 10 mm
4 cuentas de plata redondas, lisas, de 8 mm
14 cuentas de plata redondas, lisas, de 5 mm
1 cuenta de plata redonda, rayada, de 10 mm
4 cuentas de plata ovaladas, rayadas, de
10 mm por 6 mm
8 cuentas de turquesa de 2 cm por 1,5 cm
(aproximadamente)
12 cuentas de turquesa de 1,5 cm por 0,8 cm
(aproximadamente)

Procedimiento

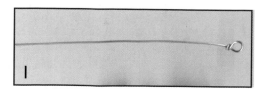

1

2

1. Cortar siete hilos de plata de
12 cm de largo. Hacer un rulo
atado en la punta de cada hilo.

2. Enhebrar una cuenta de plata de 5 mm
en un hilo, luego una de turquesa grande,
la cuenta de plata de 10 mm rayada, otra
de turquesa grande y, por último, otra de
plata de 5 mm. Ajustar y hacer el otro
rulo atado.

3. Enhebrar una cuenta de plata de 5 mm en los próximos cuatro hilos, luego una de turquesa pequeña, una cuenta de plata de 10 mm lisa, una de turquesa grande, una ovalada de plata, otra pequeña de turquesa y, por último, otra de plata de 5 mm. Ajustar y hacer el otro rulo atado. Recordar que, antes de terminar este último rulo, deben unirse las dos primeras a la realizada en el paso dos y las dos últimas a las dos primeras.

4. Enhebrar una cuenta de plata de 5 mm en los dos hilos restantes, luego una de turquesa pequeña, una cuenta de plata de 8 mm lisa, una de turquesa grande, otra de plata de 8 mm, otra pequeña de turquesa, por último, otra de plata de 5 mm. Ajustar y hacer el otro rulo atado. Recordar que, antes de terminar este último rulo, deben unir las dos a las anteriores.

5. Preparar un cierre gancho atado con los 6 cm de hilo que restan. Antes de terminar de atarlo, pasar por uno de los eslabones anteriores.

Consejo: el error más común al armar este tipo de collares es olvidarse de ir uniendo los eslabones a medida que se van terminando; con el rulo atado esto es imprescindible.

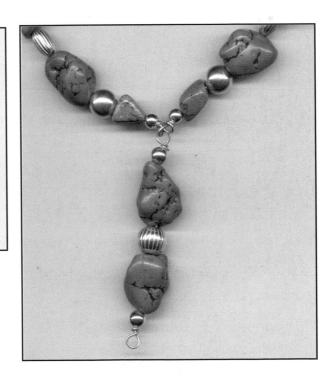

Tip Para crear los propios collares, colocar las cuentas sobre la mesa de trabajo en la forma que quedarán cuando se arme.

Pulsera con amatistas

30 minutos

Materiales

40 cm de hilo de 1 mm redondo; puede ser plata, bronce, alpaca, aluminio, etc.
42 cm de hilo de 0,7 mm redondo
4 cuentas de amatistas de 1,2 cm por 2 cm
3 cuentas de ágata blanca de 0,8 mm

Procedimiento

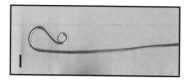

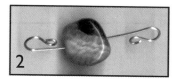

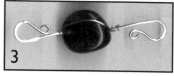

1. Cortar cuatro hilos de 1 mm de 10 cm de largo y realizar una punta de gancho en un extremo.

2. Enhebrar la amatista y hacer una punta de gancho en el otro extremo.

3. Cortar siete hilos de 6 cm de 0,7 mm. Con la pinza plana, doblar 7 mm de un extremo de uno de ellos, engancharlo de un lado de la amatista y dar dos vueltas ajustadas. Con el otro extremo dar dos vueltas del otro lado, ajustar y emprolijar. Realizar cuatro de estos eslabones.

4. Tomar los tres hilos de 0,7 restantes y hacer un rulo atado en una punta. Enhebrar la cuenta de ágata.

5. Realizar el rulo atado en el otro extremo. Unir como se observa en la foto de la pulsera terminada.

Pulsera celta

Materiales

57 cm de hilo de 1 mm cuadrado
35 cm de hilo de 0,7 mm redondo;
puede ser plata, bronce, alpaca, etc.
5 cuentas coloradas de 8 mm
10 escallas coloradas

Procedimiento

1

2

3

4

1. Cortar cinco hilos cuadrados de 1 cm y realizar un rulo simple en una punta, con la parte más gruesa de la pinza redonda.

2. Colocar la misma parte de la pinza fuera del primer rulo y hacer un segundo rulo enfrentado.

3. Colocar la pinza dentro del primer rulo mordiendo también la punta sobrante y hacer el tercer rulo.

4. De la misma forma, realizar el cuarto rulo.

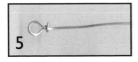

5

6

7

5. Cortar cinco hilos de 0,7 mm de 6 cm de largo y hacer un rulo atado en una punta.

6. Enhebrar una escalla, luego una cuenta y por último otra escalla.

7. Realizar el rulo atado en el otro extremo.

8. Hacer un cierre gancho con el hilo sobrante y unir todo como se observa en la foto de la pulsera terminada.

Collar de calcedonia

40 minutos

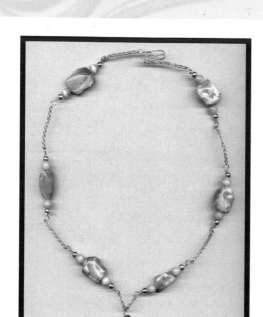

Materiales

28 cm de cadena de eslabones redondos pequeños

82 cm de hilo de 1 mm redondo; puede ser plata, bronce, alpaca, etc.

6 cuentas de calcedonia de 2 cm por 1,5 cm

10 cuentas redondas de 0,8 mm de piedra reconstituida beige

12 cuentas de metal de 5 mm

1 cuenta de metal de 10 mm

Procedimiento

1

1. Cortar siete tramos de cadena de 4 cm de longitud.

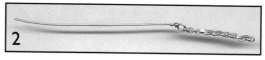

2

2. Cortar seis hilos de 1 mm de 9 cm de longitud, pasar una punta de un tramo de cadena por el primer eslabón y hacer un rulo atado. En el segundo eslabón pasar la punta del hilo por el otro extremo del tramo de cadena.

Consejo: respetar el orden de armado, para que no queden partes sin unir.

3

4

3. Enhebrar en la punta libre una cuenta de metal de 5 mm, una de piedra redonda, una de calcedonia, otra de piedra redonda y otra de metal.

4. Pasar la punta del hilo por otro tramo de cadena y cerrar con un rulo atado. Realizar luego seis eslabones.

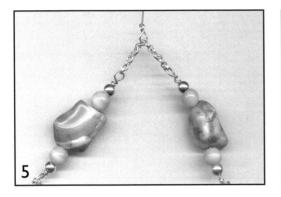

5

6

5. Cortar un hilo de 1 mm de 16 cm de largo. Pasarlo por el medio de la cadena que quedó entre el tercero y el cuarto eslabón y hacer un rulo cerrado.

6. Enhebrar la cuenta de metal de 10 mm y una calcedonia. Con la punta del hilo envolver la piedra y atarla después del rulo. Con la pinza plana tomar el hilo atado y ajustarlo con un cuarto de vuelta.

7

7. Colocar un cierre atado en cada punta de cadena que quedó libre.

Aros de malaquita

Materiales

40 cm de hilo de 1 mm redondo; puede ser plata, bronce, alpaca, etc.
50 cm de hilo de 0,7 mm redondo
18 cuentas redondas de malaquita de 5 mm

Procedimiento

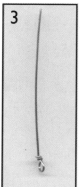

1. Cortar dos hilos de 1 mm de 20 cm de largo, realizar un rulo atado en una punta a 0,5 cm, doblar a 90°, a 2,5 cm hacer un rulo simple, repetir a 1 cm y luego a 1 cm más.

2. Enrollar en la parte más gruesa del palo de anillos y atar la punta libre a la base del primer rulo.

3. Cortar seis hilos de 0,7 cm de 6 cm de largo y hacerles un rulo atado en la punta.

4. Enhebrar tres cuentas de malaquita en cada uno.

5. Unir las cuentas a los rulos de las argollas con rulos atados. Hacer dos ganchos para aros y atarlos a las argollas.

Anillo con escallas de amatista

Materiales

52 cm de hilo de 0,7 mm redondo; puede ser plata, bronce, alpaca, etc.
8 escallas de amatista

Procedimiento

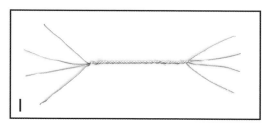

1. Cortar cuatro hilos de 13 cm de largo, colocar los cuatro en la morsa a 3 cm de una de las puntas. Colocar las otras puntas en el portacalisuar a 3 cm de la otra punta. Enrollar y separar las puntas.

2. Colocar en el palo de anillos en una medida un número menor del tamaño de anillo que se desea y colocar las puntas alternadamente una de cada lado. Girar cada punta una vuelta por debajo de las otras y ajustar con la pinza plana.

3. Enhebrar una escalla en una de las puntas y hacer un rulo simple, cortar el sobrante y emprolijar. Continuar con las otras puntas contiguas, acomodando el lugar de cada escalla.

Consejo: para determinar la medida de un anillo, medir otro de la misma persona en el palo de anillos o tomar la medida con un hilo y luego pasar al palo de anillos.

Anillo con cuentas

30 minutos

Materiales

22 cm de hilo de 1 mm redondo; puede ser plata, bronce, alpaca, etc.
1 cuenta de 0,9 mm
2 cuentas metálicas de 0,5 mm

Procedimiento

1. Enhebrar las cuentas en el medio del hilo.

2. Apoyar las cuentas con el hilo en el palo de anillos, en la medida que se desee. Enrollar cada hilo una vuelta alrededor del palo.

1

3. Sacar del palo y, teniéndolo con la mano, dar una vuelta con un extremo del hilo antes de la cuenta de metal del otro lado y luego atar con dos o tres vueltas después de la misma. Hacer lo mismo con el otro extremo.

4. Cortar los sobrantes y emprolijar.

Anillo con una cuenta

20 minutos

Materiales

20 cm de hilo de 1 mm redondo; puede ser plata, bronce, alpaca, etc.
1 cuenta de 0,9 mm

Procedimiento

1. Enhebrar la cuenta en el medio del hilo.

2. Apoyar la cuenta con el hilo en el palo de anillos, en la medida que se desea. Enrollar cada hilo una vuelta alrededor del palo.

3. Sacar del palo y, teniéndolo con la mano, atar uno de los hilos con dos o tres vueltas después de la cuenta.

4. Hacer lo mismo con el otro extremo.

5. Cortar los sobrantes y emprolijar.

Consejo: experimentar con cuentas de diferentes colores y tamaños.

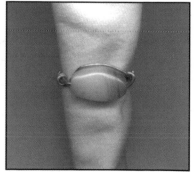

Anillo con cuenta y espiral

20 minutos

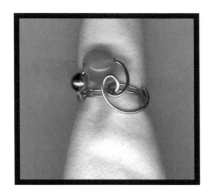

Materiales

24 cm de hilo de 1 mm redondo; puede ser plata, bronce, alpaca, etc.
1 cuenta de 0,9 mm
1 cuenta de metal de 0,5 mm

Procedimiento

1. Apoyar el hilo en el palo de anillos en la medida que se desea. Enrollar dos vueltas alrededor del palo. Sin sacarlo doblar las dos puntas a 180°, deben quedar atadas entre sí.

2. Sacar del palo y en uno de los hilos iniciar un espiral que se va abriendo. Después de una vuelta atar a 1 cm del centro.

3. En el otro extremo enhebrar la cuenta y la cuenta de metal. Con un recorrido similar al anterior, atar a un 1 cm del centro.

4. Cortar los sobrantes y emprolijar.

Anillo con cuenta artesanal

Materiales

22 cm de hilo de 1 mm cuadrado; puede ser plata, bronce, alpaca, etc.
22 cm de hilo de 1 mm redondo
1 cuenta de 0,6 mm

40 minutos

Procedimiento

1. Con un palito de 0,6 mm hacer un resorte de nueve vueltas. Cortarlo en tres tramos de tres vueltas cada uno.

2. Unir dos tramos entre sí pasando la punta y haciéndolo girar. Unir el tercer tramo a los otros dos de la misma forma (debe pasar por el medio de los dos).

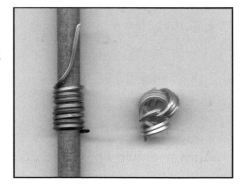

3. Enhebrar la cuenta realizada en el hilo redondo y apoyarla en el palo de anillos, en la medida que quiera hacer. Enrollar dos vueltas alrededor del palo y pasar ambas puntas nuevamente por la cuenta de metal. Doblar las dos puntas y atar una de ellas al anillo en el lado opuesto.

4. Enhebrar la cuenta pequeña en el otro hilo y atarla al otro lado del anillo. Cortar los sobrantes y emprolijar.

Aros con espiral

40 minutos

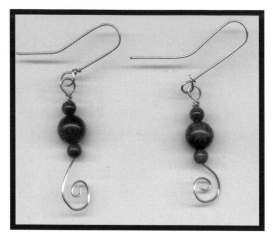

Materiales

28 cm de hilo de 1 mm redondo;
puede ser plata, bronce, alpaca, etc.
2 cuentas de 0,7 mm
4 cuentas de 0,4 mm

Procedimiento

1. Cortar cuatro hilos de 7 cm de largo. A dos de ellos realizarles un espiral en la punta y luego doblar el hilo con la pinza plana.

2. Enhebrar dos cuentas chicas con una grande en el medio y terminar el eslabón con un rulo atado.

3. Hacer dos ganchos para aros (ver técnicas básicas) y atarlos al rulo del eslabón.

1   2

Consejo: Realizar variantes de este aro con distintas figuras (en el paso 1) con otras combinaciones de cuentas o escallas.

Anillo de coral

15 minutos

Materiales

12 cm de hilo de 1 mm cuadrado; puede ser plata, bronce, alpaca, etc.
1 cuenta de coral de 2 cm de diámetro y 1 cm de alto

Procedimiento

1. Colocar el hilo en el palo de anillos en una medida menor a la medida que se va a hacer. Enrollar cada hilo alrededor del palo y con la pinza plana doblar uno de ellos a 180° donde se cruzan; doblar el otro a 90° hacia arriba.

2. Hacer un espiral con la punta doblada a 180°.

3. Enhebrar el coral en la otra punta, doblar esa punta y luego hacer un pequeño espiral con el hilo que queda y emprolijar.

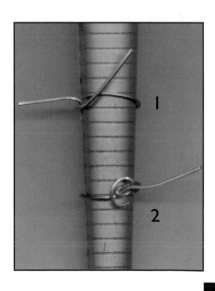

Pulsera de calcedonia

Materiales

44 cm de hilo de 1 mm cuadrado
26 cm de hilo de 1 mm redondo
1,60 m de hilo de 0,7 mm redondo
4 cuentas de calcedonia de 2 cm por 1,5 cm
7 cuentas redondas de 0,7 mm de piedra beige
3 cuentas cuadradas de 0,6 mm de piedra marrón

45 minutos

Procedimiento

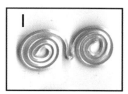

1. Cortar dos hilos cuadrados de 16 cm de largo y realizar dos espirales en cada uno comenzando en ambas puntas. Doblar en el centro (ver foto).

2. Doblar un espiral contra el otro. Reservar los dos.

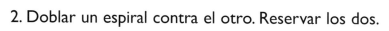

3. Cortar dos hilos cuadrados de 6 cm de longitud, hacer dos espirales terminando con la punta hacia adentro y reservarlos.

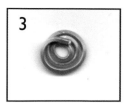

4. Cortar cuatro hilos redondos de 0,7 mm de 40 cm de largo y enrollarlos en un palo o un clavo de 0,3 mm de diámetro. Dar diez vueltas contra el palo.

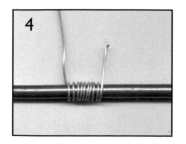

5. Continuar enrollando por encima del anterior, pero con las vueltas más separadas entre sí. Sacar del clavo y reservar.

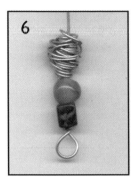

6. Tomar los 26 cm de hilo redondo y hacer un rulo atado grande en una punta.
Comenzar a enhebrar las cuentas según el orden de la foto y, al terminar, cerrarlo con un rulo atado más chico.

7. Poner un cierre atado en la punta del rulo chico y dar forma a la pulsera.

Consejo: basándose en esta técnica, se pueden realizar muchos otros diseños.

Tip Ir calculando el largo de la pulsera y, si queda muy grande, sacar algunas cuentas antes de cerrarla con el rulo.

Colgante de bronce con lapizlázuli

30 minutos

Materiales

30 cm de hilo redondo de 1,5 mm; puede ser plata, bronce, alpaca, aluminio, etc.
60 cm de hilo redondo de 0,7 mm
15 escallas de lapislázuli

Procedimiento

1. Realizar un espiral muy abierto con el hilo de 1,5 mm dejando 6 cm en el otro extremo del hilo. En ese lugar, doblar a 90° y hacer un rulo atado.

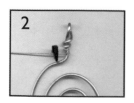

2. Atar con tres vueltas una punta del hilo de 0,7 mm debajo del rulo de la espiral y enhebrarle una escalla, pasar el hilo por atrás de la espiral y dar una vuelta sin escalla. Continuar de esta forma: una vuelta con escalla y una sin escalla hasta llegar al centro del espiral y atar la punta del hilo con tres vueltas.

Collar para colgantes

Materiales

45 a 55 cm de hilo redondo o cuadrado (puede ser también labrado), de 1,5 mm o mayor.

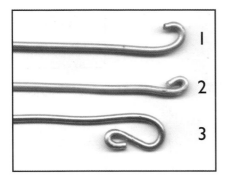
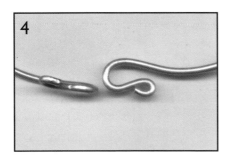

1. Hacer un rulo abierto en una punta del hilo sin terminar de cerrarlo (ver foto).

2. Apretarlo con la pinza plana.

3. Completar el gancho con la pinza redonda.

4. Hacer un gancho en el otro extremo del hilo que quede a 90° del anterior.

5. Dar forma en un busto de metal para collares o en un cilindro de unos 13 cm de diámetro (ver foto del trabajo terminado en página 42).

Consejo: si desea usar hilos de diámetro inferior a 1,5 mm, cómprelos duros o semiduros.

Tip Estos collares se usan para todos los colgantes de otros trabajos, utilizando materiales similares a los detallados.

Colgante con escallas negras

Materiales

8 cm de cinta labrada de 3 mm de ancho; puede ser plata, bronce, alpaca, etc.
20 cm de hilo redondo de 0,7 mm
36 escallas de amatista

Procedimiento

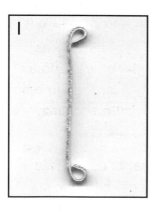

1. Hacer un rulo simple en cada extremo de la cinta labrada.

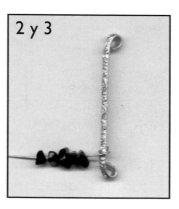

2 y 3

2. Atar el hilo redondo con tres vueltas en una de las puntas debajo del rulo.

3. Enhebrar todas las cuentas en el hilo asegurándose de que queden bien apretadas.

4. Dar forma al hilo con las escallas y atar la punta a la cinta

Consejo: puede confeccionarse un collar de la misma cinta labrada para colocar el colgante.

Colgante con cianita

I hora

Materiales

35 cm de hilo cuadrado de 1 mm; puede ser plata, bronce, alpaca, etc.
1 cuenta de cianita de 2 cm por 1,5 cm
6 cuentas redondas de 0,8 mm

Procedimiento

1. Hacer un rulo atado en un extremo del hilo y enhebrar la cuenta grande. A la salida doblar el hilo a 90°.

2. En el borde de la piedra, doblar hacia arriba y enhebrar tres cuentas redondas. Atar debajo del rulo con una vuelta.

3. Enhebrar las otras tres cuentas y pasar por debajo de la salida inferior de la cuenta grande.

4. Rodear una cuenta con el hilo y pasar por debajo del hilo que las une. De esta forma rodear las seis cuentas y atar atrás con una vuelta.

Consejo: realizar un collar de hilo cuadrado, pero de 1,5 mm para colocar el colgante.

Pulsera básica

I hora

Materiales

36 cm de hilo redondo de 1,5 mm; puede ser plata, bronce, alpaca, etc.
60 cm de cinta de 1 mm por 0,3 mm; o hilo de media caña de 1 mm o cuadrado de 1 mm

Procedimiento

Éste es el primer ejercicio en el cual se usa una técnica que consiste en atar varios hilos juntos. Practicar esta técnica antes de encarar otros proyectos más complicados.

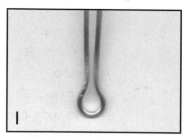

1. Marcar el centro del hilo de 1,5 mm con un marcador indeleble y con la parte más ancha de la pinza redonda, doblarlo hasta que ambos laterales queden paralelos. Luego, sin sacar la pinza, y girando la muñeca, hacer que los dos hilos se junten para que quede un círculo como en la foto.

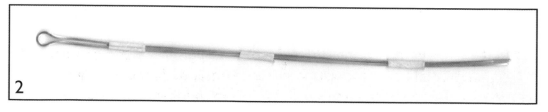

2. Con cinta de pintor angosta unir los dos hilos a 4 cm de cada punta y en el centro.

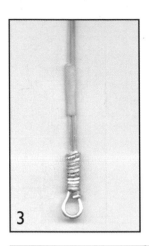

3. Cortar 15 cm de cinta o hilo de atar y a 1 cm de una punta doblarla con la pinza plana a 180°. Colocar a 1,5 cm del círculo y comenzar a atar hacia el centro. Atar con diez vueltas hasta el círculo; la última atadura debe ser realizada en un solo hilo donde se abre el círculo. Cortar las puntas siempre del mismo lado (el interno) y apretarlas hasta que no quede nada que pueda lastimar. La atadura debe quedar bien apretada. Para que esto suceda, se debe apretar cada vuelta con la pinza plana.

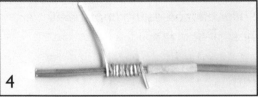

4. Con otros 15 cm de cinta o hilo, doblar la punta a 1 cm y atar otras diez vueltas a 3 cm de la otra punta. Cortar los sobrantes siempre del lado de adentro y apretar.

5. Hacer otras dos ataduras de diez vueltas a 5 cm de las anteriores y atar hacia el centro.

6. Emparejar las puntas del hilo de 1,5 cm y doblarlas con la parte media de la pinza redonda hacia el lado que quedará afuera, dándole la forma de la foto.

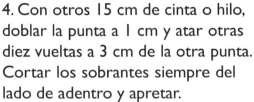

7. Dar forma con un tubo de 5,5 a 6 cm de diámetro, probar que el gancho funcione bien y sacar la cinta de pintor.

Tip

Para calcular el tamaño de esta pulsera, medir con una cinta de modista la circunferencia de la muñeca (no apretar) y agregar 3 cm. Luego multiplicar por dos. Por ejemplo, si la medida es de 15 cm más 3 cm, son 18 por 2 cm, es decir, 36 cm de hilo.

Pulsera de cuatro hilos

I hora

Materiales

74 cm de hilo cuadrado de 1,5 mm; puede ser plata, bronce, alpaca, etc.
60 cm de cinta de 1 mm por 0,3 mm

Procedimiento

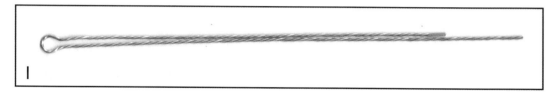

1

1. Cortar 36 cm del hilo cuadrado. Apretar una punta en la morsa y la otra en el portacalisuar, y enrollar. A 15 cm de una punta, poner la pinza de puntas redondas en la parte más gruesa y hacer un círculo (ver proyecto anterior).

2

3

2. Medir la mitad de la distancia entre el hilo más largo y, donde termina, el más corto. En ese punto hacer otro círculo, pero muy pequeño; debe entrar dentro del otro. Las dos puntas deben quedar enfrentadas.

3. Cortar dos hilos cuadrados de 19 cm de largo. A 1 cm de los extremos hacer un rulo en forma de "P".

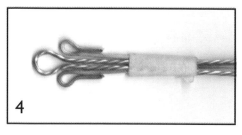

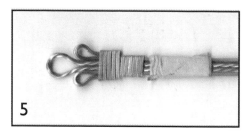

4. Colocar los dos hilos con las "P" al costado y un poco abajo del círculo grande y asegurar con cinta de pintor a partir de 3 cm del círculo.

5. Cortar 20 cm de cinta, doblar 1 cm con la pinza plana, colocar debajo de las "P" y atar hacia el centro. Ajustar cada vuelta con la pinza plana. Dejar ambas puntas del mismo lado. Éste será el lado de adentro y todas las ataduras deberán terminar del mismo lado.

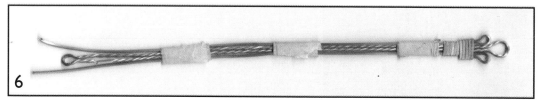

6. Ir acomodando los hilos y asegurar con cinta de pintor, primero el centro y luego a 3 cm de la punta del círculo pequeño.

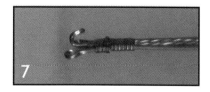

7. Doblar las dos "P" del otro extremo 0,5 cm más cortas que el círculo pequeño. Cortar 15 cm de cinta y atar la punta, como en el punto 5, cuidando de tapar la unión de los hilos centrales. Doblar la punta pequeña hacia adentro.

8. Cortar dos tramos de 10 cm de cinta a 4 cm de cada atadura anterior. Hacia el centro, hacer dos nuevas ataduras de seis vueltas cada una. Dar forma en un mandril de pulseras o muy despacio en el antebrazo.

Colgante de cianita

1 hora

Materiales

85 cm de hilo cuadrado de 1 mm; puede ser plata, bronce, alpaca, etc.
1 cianita

Procedimiento

En este caso se usa una variante del montaje simple explicado en las técnicas básicas.

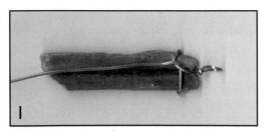

1

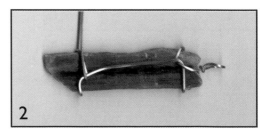

2

1. Cortar 35 cm del hilo cuadrado, hacer un rulo atado en una punta y a 1 cm del mismo doblar el hilo a 90°. Apoyar la cianita y rodearla con el hilo apretándolo. Pasar por detrás del rulo y doblar hacia abajo.

2. Con el colgante visto de atrás cerca del final de la cianita, doblar el hilo a 90°. Rodear nuevamente con el hilo, pasarlo por dentro del que baja y doblarlo 180°.

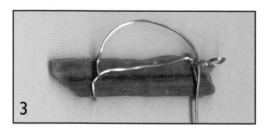

3. Dar forma al hilo con la mano. Debe quedar una suave curva hacia arriba. Atar con una vuelta debajo del rulo.

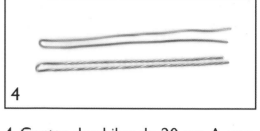

4. Cortar dos hilos de 20 cm. A uno de ellos enroscarlo con la morsa y el portacalisuar y luego doblar ambos por el medio.

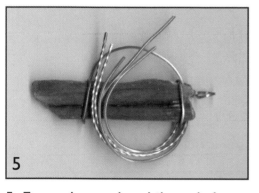

5. Enganchar ambos hilos a la base del rulo y uniéndolos, en la misma dirección que el que quedaba allí, darles forma semicircular.

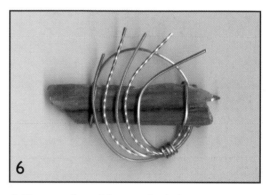

6. Tomar los 10 cm de hilo que quedan, doblar a 1 cm de la punta y atar con cuatro vueltas los hilos que salen de la base del rulo. Luego separar y acomodar los hilos comenzando por uno liso, uno enrollado y así sucesivamente.

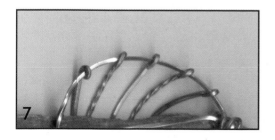

7. Doblar cada hilo donde se cruza con el otro, apretarlo, cortar el sobrante y apretarlo nuevamente.

Anillo de bronce labrado con jaspe

20 minutos

Materiales

20 cm de cinta labrada de 3 mm; puede ser plata, bronce, alpaca, etc.
1 jaspe pulido irregular de 2,5 cm por 2,5 cm por 1,5 cm

Procedimiento

1. Apoyar el centro de la cinta en el palo de anillos en una medida menor al anillo y envolver la cinta.

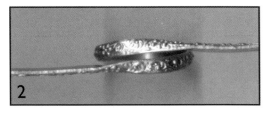

2. Con la pinza plana girar la cinta con el lado plano hacia adentro.

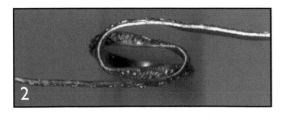

3. Con la pinza redonda en su parte más gruesa, doblar las dos cintas a 180°, dejando una curva amplia; a la vez levantar un poco las cintas separando del anillo.

4. Apoyar el jaspe sobre esta base y atarlo con las dos cintas, tratando de que las puntas queden debajo de la otra cinta.

Colgante de ágata teñida

45 minutos

Materiales

90 cm de hilo cuadrado de 1 mm. Puede ser plata, bronce, alpaca, etc.
20 cm de cinta de 1 mm por 0,3 mm.
1 lámina de ágata teñida de 7,5 cm por 2,5 cm

En este proyecto se implementa una nueva forma de montar piedras, que luego se aplicará a otros ejercicios.

Procedimiento

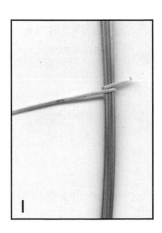

1. Cortar tres tramos de hilo cuadrado de 30 cm, ponerlos uno al lado del otro y comenzar a atar con 15 cm de la cinta.

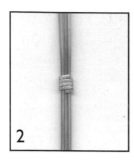

2. Atar con cuatro vueltas y asegurarse que ambas puntas queden del mismo lado (éste será el lado interno).

3. Darle forma alrededor del ágata y a 1 cm de la atadura, con la pinza plana, doblar el hilo de afuera a 45° hacia fuera y luego doblarlo nuevamente paralelo al primero. Doblar de nuevo a 1 cm hacia adentro y luego doblar de modo que quede junto a los otros hilos. Realizar el mismo procedimiento en forma simétrica con el otro hilo de afuera.

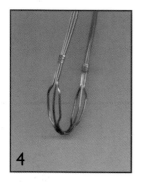

4. Hacer otro agarre igual al anterior en los tres hilos que sobresalen del otro lado de la atadura y luego atar ambos grupos de hilos con cuatro vueltas de cinta. Recordar que los extremos de la cinta deben quedar hacia adentro.

5. Probar nuevamente el ágata y dar forma a los hilos.

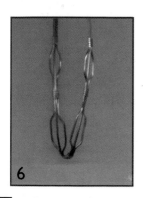

6. A 0,5 cm de las últimas ataduras, repetir un agarre doblando el hilo y una atadura de cada lado.

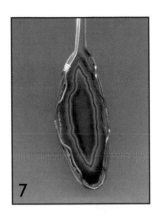

7. Doblar los hilos laterales de los agarres hacia adentro y colocar el ágata. Ajustar y, en el lugar que los hilos se cruzan, doblarlos hacia arriba.

8. Tomando uno de los hilos, atar los demás con una vuelta y ajustar. Acomodar los agarres y ajustarlos.

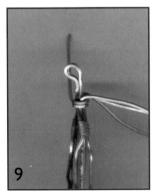

9. Doblar los tres hilos más largos hacia el costado y con los dos restantes hacer un rulo en forma de "P". Cortar las puntas a 0,5 cm.

10. Con el hilo atado una vuelta, atar tres vueltas más, uniendo los cuatro hilos que salen del rulo. No atar los tres más largos, doblados al costado.

11. Tomar cada uno de los hilos que quedan y con la pinza de puntas redondas, ir enrollándolo sobre la misma pinza. Luego apretar todo el rollo hacia el costado con la mano o con la pinza plana y ubicar en la parte superior del ágata.

Hacer lo mismo con los otros dos hilos.

Colgante de cristal de roca

1 hora

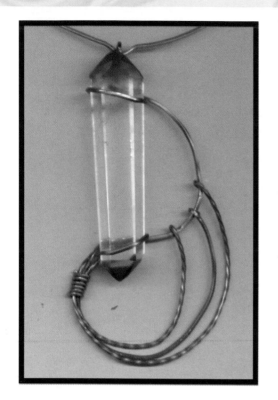

Materiales

60 cm de hilo cuadrado de 1 mm; puede ser plata, bronce, alpaca, etc.
7 cm de hilo redondo de 1 mm
1 cristal de roca de 5 a 6 cm de largo

Procedimiento

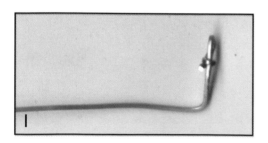

1

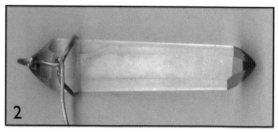

2

1. Cortar 35 cm del hilo cuadrado, hacer un rulo atado en una punta y a 1 cm del mismo doblar el hilo a 90°.

2. Apoyar el cristal y rodearlo en la parte superior con el hilo, pasar por detrás del rulo y doblar a 180°.

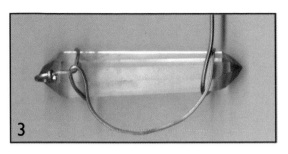

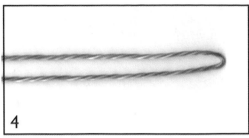

3. Dar forma al hilo con la mano. Debe quedar una suave curva hacia abajo. Atar con una vuelta en la parte inferior del cristal, pasarlo por dentro del hilo que baja.

4. Cortar un hilo de 25 cm y enroscarlo con la morsa y el portacalisuar, y luego doblarlo al medio.

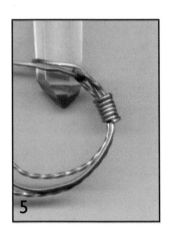

5. Enganchar este hilo a la atadura inferior (donde entra) y unirlo al hilo que estaba, doblando ambos en semicírculo hacia el hilo que baja.

Tomar el hilo redondo, doblarlo a 1 cm de una punta y atar los tres hilos cuadrados.

6. Ordenar los hilos con los dos enrollados afuera y el liso adentro, y atar cada uno al que baja. Cortar el sobrante y apretar nuevamente.

Consejo: si se desea, se puede hacer un par de aros que hagan juego con el mismo diseño. En este caso, se necesitarán 35 cm del hilo cuadrado y un cristal de 2,5 cm para cada uno.

Colgante de malaquita

I hora

Materiales

25 cm de cinta labrada de 3 mm; puede ser plata, bronce, alpaca, etc.
30 cm de hilo cuadrado de 1 mm.
1 malaquita de 4 cm por 2,5 cm por 1,5 cm
4 cuentas de malaquita ovales de 2,5 cm por 1 cm

Procedimiento

1. Tomar la cinta labrada y hacer un rulo en forma de "P" en una punta. A continuación doblar hacia un lado a 90° con la parte más ancha plana.

1

2

2. Apoyar la malaquita y enrollar con la cinta una vuelta en la parte superior y una en la inferior terminando atrás. Cortar la cinta sobrante y terminarla debajo del final de la primera vuelta.

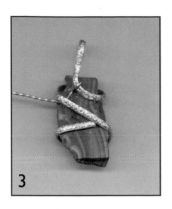

3. Tomar el hilo cuadrado y enrollarlo con la morsa y el portacalisuar. Atar una punta detrás de la malaquita a la cinta que viene del rulo y pasar por detrás de la primera vuelta.

4. Doblar el hilo hacia arriba y nuevamente doblarlo a 1 cm cruzando el centro. Enhebrar la primera cuenta, doblar el hilo hacia abajo y pasar por debajo de la cinta.

5. Doblar el hilo hacia arriba, a 1 cm hacia abajo nuevamente. Enhebrar la segunda cuenta, doblar el hilo hacia arriba y pasarlo de arriba hacia abajo por detrás de la cinta.

6. Enhebrar la tercera cuenta y ubicarla debajo de la piedra de malaquita. Luego doblar el hilo hacia arriba y pasarlo por atrás de la cinta.

7. Colocar la cuarta cuenta en forma similar a la segunda y terminar atando atrás de la cinta.

Ubicar bien las cuentas mirando el frente y ajustar.

Anillo de piedra lapidada

1 hora

Materiales

51 cm de hilo cuadrado de 1 mm; puede ser plata, bronce, alpaca, etc.
15 cm de cinta de 1 mm por 0,3 mm
1 piedra lapidada, ovalada, de 12 mm por 10 mm

Procedimiento

1. Cortar tres tramos de hilo cuadrado de 17 cm cada uno, ponerlos uno al lado del otro y marcar el medio. A 1 cm a cada lado atar con cuatro vueltas de cinta y asegurarse que ambas puntas de la cinta queden del mismo lado (éste será el lado interno).

2. Dar forma alrededor del palo de anillos en la punta más fina cruzando los hilos y dejando del lado exterior el que viene de arriba hacia la izquierda. Luego llevar el anillo en el palo de anillos al tamaño que se desea y ajustarlo.

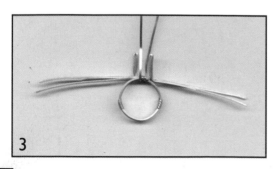

3. Doblar la cinta a 5 cm de una punta y atar el centro del lugar en que se cruzan con tres vueltas. Tomar los dos hilos externos y hacerles una grifa (ver foto) de 1 cm de altura.

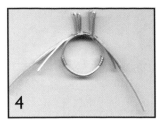

4. Hacer las dos grifas restantes en los hilos del otro lado. Acomodar los hilos salientes entre los entrantes y atar con las puntas de la cinta dos vueltas. Terminar arriba. Cortar el sobrante de la cinta y apretar.

Consejo: tratar de que todas las grifas sean de la misma altura, si no la piedra quedará despareja.

5. Poniéndose el anillo en el dedo índice, tomar el hilo de la izquierda que va hacia abajo, pasarlo por entre las dos grifas de la derecha y enrollarlo en la superior derecha. Cortar el sobrante donde se cruza y apretar.

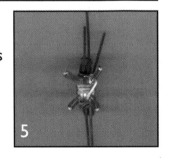

6. Girar el anillo 180° y ubicarlo nuevamente en el dedo. Hacer lo mismo que en el paso 5.

7. Girar nuevamente el anillo y pasar el hilo de la derecha entre las grifas de la izquierda y enrollarlo a la superior izquierda. Girar y repetir. Cortar los hilos centrales a 1 cm de donde salen y hacerles un rulo en "P" hacia el lado en que hay dos hilos.

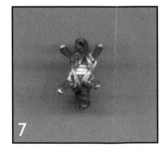

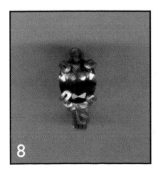

8. Acomodar las grifas girándolas hacia el centro y doblar 3 mm de las puntas hacia dentro.

Colocar la piedra y terminar de acomodar las grifas.

Colgante de ágatas marrones

I hora

Materiales

72 cm de hilo cuadrado de 1 mm
Puede ser plata, bronce, alpaca, etc.
15 cm de hilo redondo de 0,7 mm
15 cm de cinta de 1 mm por 0,3 mm
1 ágata marrón pulida de 3,5 cm por 3 cm por 0,6 cm
3 cuentas de ágata marrón ovaladas de 1,5 cm por 1 cm

Procedimiento

1. Montar el ágata principal, como se explicó en el ejercicio de montaje del ágata teñida (ver página 53).

2. Atar la punta del hilo de 0,7 mm al hilo del montaje en la parte superior de un lado y enhebrar una de las cuentas. Luego pasar el hilo por debajo de la parte inferior del mismo lado.

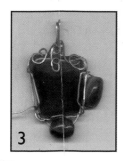

3. Dar una vuelta más al hilo saliendo por la parte inferior y enhebrar la segunda cuenta.

Después pasarlo por dentro hacia abajo y con otra vuelta salir por el otro costado.

Enhebrar la última cuenta y atar en la parte superior de ese lado.

Índice